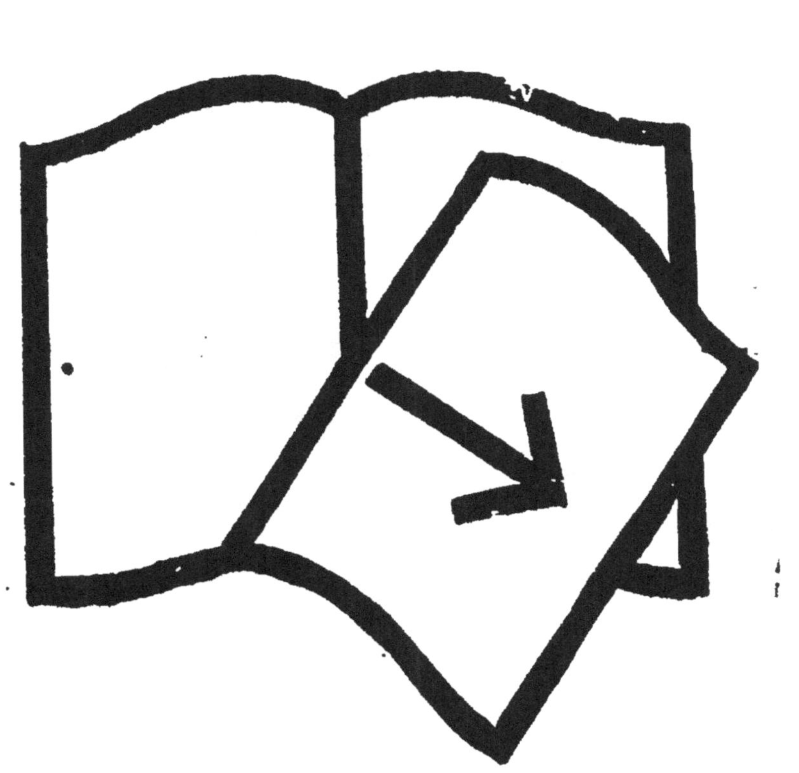

Couverture inférieure manquante

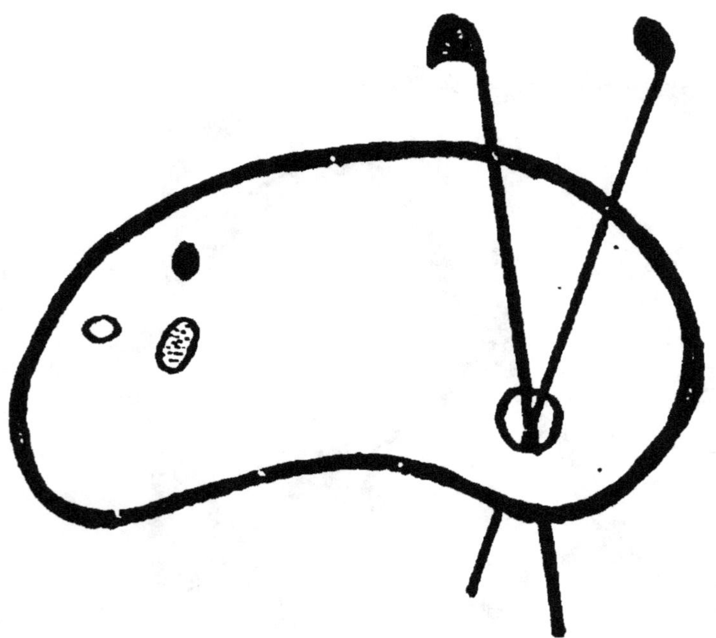

DEBUT D'UNE SERIE DE DOCUMENTS
EN COULEUR

NOTICES SOMMAIRES

DES

PAPYRUS HIÉRATIQUES ÉGYPTIENS

I. 343-371

DU

MUSÉE D'ANTIQUITÉS DES PAYS-BAS

A LEYDE

PAR

FR. CHABAS

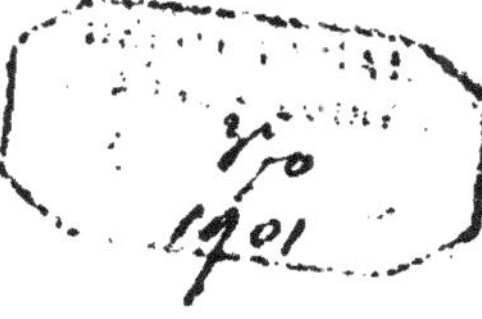

———→•←———

PARIS

ERNEST LEROUX, ÉDITEUR

23, RUE BONAPARTE, 23

—

1901

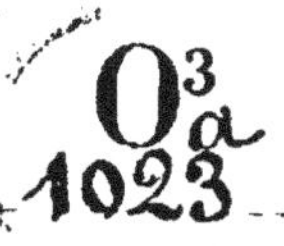

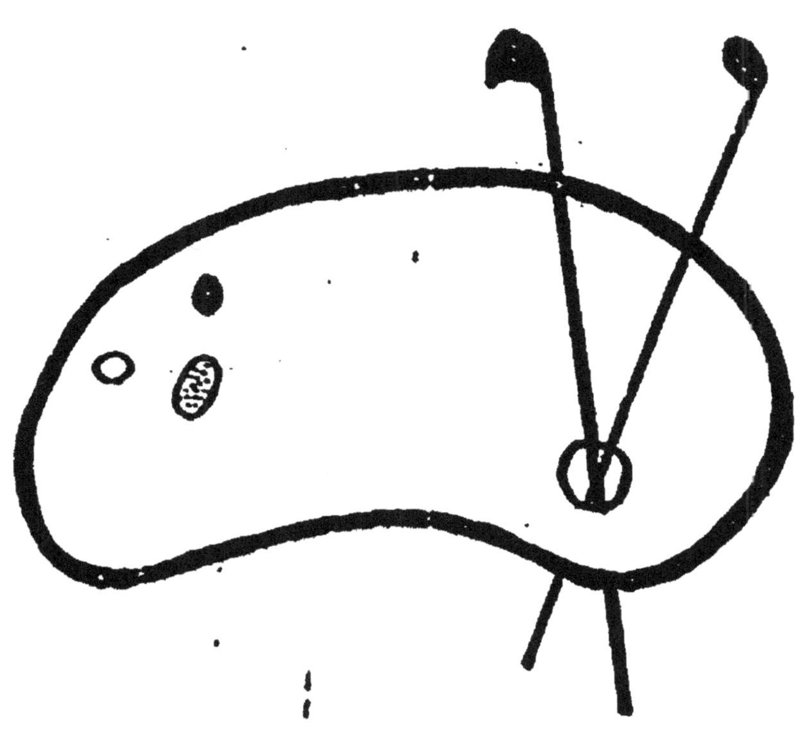

FIN D'UNE SERIE DE DOCUMENTS
EN COULEUR

NOTICES SOMMAIRES

DES

PAPYRUS HIÉRATIQUES ÉGYPTIENS

I. 343-371

DU MUSÉE D'ANTIQUITÉS DES PAYS-BAS A LEYDE

CHALON-SUR-SAONE
IMPRIMERIE FRANÇAISE ET ORIENTALE DE E. BERTRAND

NOTICES SOMMAIRES

DES

PAPYRUS HIÉRATIQUES ÉGYPTIENS

I. 343-371

DU

MUSÉE D'ANTIQUITÉS DES PAYS-BAS

A LEYDE

PAR

****

———>⊹<———

PARIS

ERNEST LEROUX, ÉDITEUR

23, RUE BONAPARTE, 23

——

1901

PAPYRUS ÉGYPTIENS HIÉRATIQUES

I. 343-371

DU

MUSÉE D'ANTIQUITÉS DES PAYS-BAS A LEYDE[1]

I. 343-371. *Papyrus.* Textes hiératiques, contenant des formules magiques, recueils de maximes, hymnes, correspondances épistolaires, rapports, états de comptabilité, essais calligraphiques, etc.

Tous ces papyrus, à l'exception du n° 345, qui a fait partie de la collection de M. Cimba, acquise à Livourne en 1826, appartiennent à la collection Anastasy. Les n°ˢ 343, 344, 346-349, 351, 352, 360-362 et 365-368 inclus, ont été trouvés à Memphis; les n°ˢ 369 et 370 à Thèbes. Les inventaires du Musée ne fournissent aucun renseignement relatif aux endroits d'où proviennent les autres papyrus, 345, 350, 353-359, 363, 364 et 371.

Ces papyrus, publiés depuis 1853 dans les 14-20 livraisons des *Monuments égyptiens*, ont été accompagnés d'un texte provisoire, qui ne devait servir que jusqu'à ce que, tous les manuscrits de cette série étant lithographiés et imprimés, ils pussent être disposés chacun d'après son numéro d'ordre. Dans l'intervalle, M. F.

1. Publiés dans la 14ᵉ livraison, ou la 7ᵉ de la IIᵉ partie, et dans les 16-20 livraisons, les 9-13 de la IIᵉ partie des *Monuments égyptiens du Musée d'Antiquités des Pays-Bas à Leyde*, par le Dʳ C. Leemans. — 87 planches, XCVIII-CLXXXIV. [On n'a reproduit ici que le texte de Chabas, les planches se trouveront dans le grand ouvrage néerlandais. — G. M.]

Chabas de Chalon-sur-Saône, qui, par ses excellentes publications, s'est assuré un premier rang parmi les Égyptologues de notre temps, a bien voulu, à notre demande, s'occuper d'un examen de ces documents, et nous communiquer les résultats de ses recherches, dans les Notices, que nous avons l'avantage de pouvoir publier ici. C'est un nouveau titre que ce savant distingué vient d'acquérir à l'estime et la reconnaissance de tous ceux qui s'intéressent aux progrès des découvertes dans les vastes champs de l'Archéologie égyptienne. Nous saisissons avec empressement cette occasion de témoigner publiquement combien nous lui sommes redevables de l'intéressante contribution dont il a bien voulu enrichir notre ouvrage.

Dans un travail spécial, récemment publié sous le titre de *Mélanges égyptologiques*[1], M. Chabas a discuté différents sujets, contenus dans les textes de nos papyrus hiératiques, et mis un peu plus en relief les particularités qu'ils renferment. Il s'était contenté de traiter ces particularités d'une manière plus succincte dans les Notices suivantes, parce qu'elles auraient exigé des citations de textes originaux et l'emploi de types hiéroglyphiques et hiératiques, ou nécessité des planches spéciales. Quoique nous ne puissions douter que les *Mélanges égyptologiques* ne soient dans les mains de toutes les personnes qui s'occupent des textes égyptiens, il ne nous a pas paru tout à fait inutile de citer, dans quelques notes marginales (signées C. L.) les endroits, qui peuvent fournir de plus amples renseignements, ou qui offrent les derniers résultats des recherches ultérieures auxquelles l'auteur s'est livré. — C. Leemans.

1. *Mélanges égyptologiques comprenant onze dissertations sur différents sujets*, [1ʳᵉ série], Chalon-sur-Saône et Paris, 1862, 8°.

NOTICES SOMMAIRES

DES

PAPYRUS HIÉRATIQUES ÉGYPTIENS I. 343-371

DU MUSÉE D'ANTIQUITÉS DES PAYS-BAS A LEYDE

AVANT-PROPOS

Les Papyrus hiératiques du Musée I. 343-371 forment un ensemble assez considérable. Bien qu'ils ne comprennent aucun document digne d'être comparé à certaines pièces appartenant au Musée Britannique, ils n'en sont pas moins d'un grand intérêt et méritent la très sérieuse attention des Égyptologues. On y trouvera en effet un nombre immense de notions nouvelles, qu'on chercherait vainement ailleurs.

Presque tous ces manuscrits ont plus ou moins souffert des injures du temps; l'écriture en est souvent usée, illisible et les lacunes y abondent. Au premier abord l'investigateur se retire découragé de ses efforts infructueux. Cependant le mal n'est pas aussi grand qu'on pourrait le croire; avec un peu d'attention on finit par se rendre maitre du type graphique, on réussit à combler quelques lacunes, et si l'on ne peut pas tout traduire, on détermine au moins avec certitude la nature et le sujet de tous ces documents.

C'est ce but limité que j'ai eu en vue et que j'espère avoir atteint dans les notices sommaires qui vont suivre. Mon travail n'est qu'un acheminement à des études plus approfondies; les Égyptologues pourront y trouver des indications utiles pour l'objet spécial de leurs recherches et un encouragement à sonder ces mines nouvelles que l'intelligente direction du Musée d'antiquités néerlandais a mises à notre disposition.

Voici la distribution générale des matières contenues dans ces papyrus :

1° PAPYRUS DE FORMULES MAGIQUES.

    I. 343, recto et verso.

        345, recto et verso. Ce papyrus contient aussi quelques recettes médicales.

        346, 347, 343, pages II et III; 348, revers, et 349.

2° PAPYRUS MAGIQUES ROULÉS, AYANT SERVI DE TALISMANS.

    I. 353-359.

3° RECUEIL DE MAXIMES OU D'AXIOMES SUR DES SUJETS VARIÉS.

    I. 344.

4° HYMNES AU DIEU DE L'ÉGYPTE CONSIDÉRÉ SOUS SES ATTRIBUTIONS SOLAIRES.

    I. 344, verso; 350.

5° CORRESPONDANCE ÉPISTOLAIRE ET RAPPORTS OFFICIELS.

    I. 348, page 1; ibid., pages 6-10.

        360-367. Ces huit papyrus sont des lettres missives qui ont été trouvées roulées et cachetées.

        368, 369 et 370.

6° ÉTATS DE COMPTABILITÉ.

    I. 350, 351, 352.

7° ESSAIS CALLIGRAPHIQUES.

    I. 348, pages 4 et 5.

8° ADRESSE DÉPRÉCATIVE D'UN ÉPOUX A SA FEMME DÉFUNTE.

    I. 371.

NOTICES DES PAPYRUS [1]

Planches XCVIII-CIV

I. 343. Sept pages au recto (pl. XCVIII-CI) et six au verso (pl. CI-CIV). Écriture pleine, mais peu ferme; type de l'époque des Ramessides (XVIII° ou XIX° dynastie).

Ce papyrus est un livre de formules magiques, en égyptien S'enti, *charme, conjuration.* A la fin de chaque formule, une clause à l'encre rouge en indique l'usage spécial, comme par exemple page 1, l. 2 (pl. XCIII); 4, l. 8 (pl. XCIX); 6, l. 1 (pl. C).

L'objet de ces formules est de conjurer et de dissiper certaines maladies que le texte nomme AK'U et SAMAUNA. Ces deux dénominations s'échangent parfois dans des phrases identiques, et l'on voit par un autre document que l'AK'U pouvait avoir son siège dans les intestins.

Ainsi que je l'ai montré dans le Papyrus magique Harris [2], dont j'ai publié le texte et la traduction, les conjurations magiques employées par les Égyptiens se composent généralement:

1° de la mention d'un événement mythologique et le plus souvent de quelque fait relatif à la lutte d'Osiris contre Set;

1. Dans la transcription des mots égyptiens, la voyelle *u* doit être prononcée *ou;* le ϥ est exprimé par *f,* le ⲝ par *s',* le ⲭ par *t',* le ⲋ par *k'* et le ⲉ par *h* (C. L.).

2. *Le Papyrus magique Harris,* traduction analytique et commentée d'un manuscrit égyptien comprenant le texte hiératique, un tableau phonétique et un glossaire, 1 vol., in-4°, av. pl., Chalon-sur-Saône. Voyez aussi sur ces formules de menaces dans les conjurations magiques, Reuvens, *Lettres à M. Letronne,* I, 12-17, et le *Papyrus égyptien démotique à transcriptions grecques* (publié dans la 1re livraison des *Monuments égyptiens),* texte, p. 7-15 (C. L.).

2° de l'identification du conjurateur avec une divinité, dont il assume la puissance au moyen de la conjuration;

3° enfin d'une injonction, quelquefois suivie de menaces, à la personne ou la chose conjurée.

Les Papyrus de Leyde justifient complètement cette division.

De la première page de celui qui nous occupe, il ne reste que des lignes fragmentées; la rubrique qui se trouve à la 2° ligne démontre que le papyrus n'est pas entier. SET figuré par l'animal typhonien, qui désigne aussi SUTEK', dieu des K'ITAS, adopté par les Ramessides, est nommé à la 10° ligne; mais on ne distingue rien de précis qu'à la 7° ligne de la page II, où SAMAUNA est conjuré en ces termes : *Pars, ô Samauna, pars, ô louche d'yeux*[1]*! ou tu seras brisé sur la pierre, ou tu périras sur la pierre.*

Avec la page III (pl. XCIX) commence un nouveau S'ENTI; l'écriture en est fort mutilée, mais on y retrouve AK'U et SAMAUNA. La fin de ce paragraphe existe en duplicata au papyrus I. 345, revers G, ligne 4 (pl. CXXXV). Avec ce secours nous obtiendrons une idée un peu plus complète du texte. Voici ce que j'y lis, page III, l. ult. et sqq. : *Ils feront tomber le sang du soleil sur la poussière.....; ils frapperont sur les narines de l'Ak'u; ils frapperont son sein. Pars, ô Samauna! suis l'aile que je tiens à la main; tombe sur la poussière! deviens pierre! Je suis Set; je descends du ciel pour fouler ton cou.* Suit la rubrique qui explique dans quelles circonstances il faut prononcer ces paroles.

Un troisième S'ENTI commence à la ligne 9 de la page IV (duplicata 345, revers, pl. CXXXV *G*, l. 5). Le conjurateur y fait appel aux forces violentes de SET (ou de SUTEK') et de BAAL, et il s'agit encore de dissiper magiquement AK'U et SAMAUNA. Le texte renferme des mentions mythologiques

---

1. Ces trois derniers mots me laissent quelques doutes.

tellement singulières et nouvelles, que je crois devoir donner la traduction de ce passage.

La maladie conjurée, personnifiée sous les noms que j'ai fait connaître, est menacée en ces termes, page IV, l. 11 : *Oui, il exercera la force de son double glaive contre toi; oui, tu goûteras les goûts des breuvages qu'il a dans la main;..... oui* (page V, pl. C), *Baal te frappera avec le cèdre qu'il tient à la main; et il réitérera avec les poutres de cèdre qu'il tient à la main. Tu es semblable à ceux qui sont en état de Samauna*[1]. *Les dieux feront contre toi les actes que fait Dieu avec l'eau; avec les vaisseaux* (veines et artères) *nombreux de Set; avec les vaisseaux surabondants de Num et de Phra; avec les vaisseaux d'Ap-heru, qui sont comme des serpents; avec les vaisseaux du dieu du ciel supérieur, et ceux de Nenukar, son épouse; les vaisseaux de Ras'pu, et ceux d'Autuma, son épouse; vaisseaux de feu consumant. Oui, tu seras traité du traitement d'hier. Oui, tu seras éteint comme éteignent..... Oui, tu sauteras sur la poussière; oui, tu mourras; oui, les dieux sauront te dire : « Sois mort! » Oui, les déesses sauront dire à ton cœur : « Sors! »*

Deux personnages mythologiques entièrement nouveaux apparaissent dans ce curieux passage. NENUKAR, épouse du dieu d'en haut, NETERHER et AUTUMA (l'Édomite?), épouse du farouche RAS'PU, dieu d'origine syrienne qu'on a déjà trouvé associé à la cruelle ANATA.

Le S'ENTI suivant, page VI, l. 2 (pl. C), n'est pas moins intéressant. Il a pour objet de rendre le conjurateur maître du cœur, c'est-à-dire de la vie de SAMAUNA. La formule est singulière : *J'agis devant toi, ô Samauna, comme celui qui baigne, pour les membres de Men de Men-t*[2], *comme celui qui, devant voler, se tint d'abord sur un lieu élevé, puis*

---

1. Le duplicata Papyrus 345, verso, pl. CXXXV. G. l. 10 a AK'U.

2. *Men, fils de Men-t*, expression identique au grec ὁ δεῖνα τῆς δεῖνα,

*s'envola au soleil levant. J'agis devant toi de même, ô Sa-
mauna, j'agis devant toi comme celui qui baigne. Est-ce
que tu ne me connais pas, ô Samauna?* etc.

Entre autres mentions remarquables, la suite du texte
parle des serpents qui tuent, de KITURIU, leur mère (p. VI,
l. 10), autre personnage mythologique, qui a plus d'analogie
avec les génies des légendes arabes, qu'avec les dieux égyptiens, puis des mamelles d'*Anata, la grande Amrit* (génisse)
de Set[1].

La page VII (pl. CI) n'a pas une ligne entière; on y distingue l'incantation de certains breuvages destinés à SA-
MAUNA (p. VII, lig. 9, 10).

Enfin on y trouve le nom de la ville syrienne de K'ERBU,
si souvent mentionnée dans les inscriptions militaires con-
temporaines, et qu'il faudra peut-être identifier avec Chaly-
bon (Alep).

Verso. L'écriture du texte du verso est usée par le frotte-
ment, sauf à la page V (pl. CIV) qui est encore lisible; quoiqu'elle soit fort ressemblante à celle du recto, elle parait être
d'une autre main. Dans tous les cas, le sujet est identique,
et l'un des textes faisait sans doute suite à l'autre.

AK'U et SAMAUNA reviennent à différentes reprises, et
notamment page IV, l. 2 (pl. CIII), se retrouve la formule
déjà traduite : *Pars, ô Ak'u! pars, ô louche d'yeux; oui, tu
seras frappé sur la pierre; oui, tu succomberas sur la
pierre.*

Au commencement de la page V (pl. CIV), est relaté un
fait de l'histoire d'Isis : *Ta mère a conçu, tu as été enfanté
(ce matin). Elle a fait un charme, en pleurant, contre le
serpent.*

---

un tel, fils d'une telle; v. Mélanges égyptologiques, [1re série,] p. 108-111;
Brugsch, *Grammaire démotique,* VIII, § 6, p. 117, 118 (C. L.).

1. Ou plus probablement de SUTEK'. Le texte du papyrus est fortement
imprégné de l'influence syrienne.

On rencontre, dans la suite du texte, la mention de
diverses parties du corps humain, dont les fonctions sont
exprimées, mais il est difficile de relier avec quelque certitude les parties intelligibles de ces phrases mutilées.

Planches CV-CXXV

I. 344, *recto*. Le manuscrit est écrit des deux côtés, mais
le texte du verso, étant essentiellement différent de celui
du recto, aura sa notice spéciale.

Le texte du recto (pl. CV–CXIII), d'une écriture ferme et
serrée, appartient également à l'ère des Ramessides; c'est
l'un des plus intéressants de la collection. Il forme seize
pages, dont les neuf premières sont divisées par des rubriques en courts paragraphes.

Jusqu'à la page vi (pl. CVII), la rubrique consiste dans le
groupe *Aumes*, dont la valeur exacte n'est pas encore déter-
minée. Je propose d'admettre provisoirement le sens *ima-
giner, supposer*, qui rend bien compte de la disposition du
texte. Il s'agit en effet d'une suite de sentences et d'axiomes,
tels que les deux suivants, p. ii, l. 3 (pl. CV): *Supposez que
le Nil croisse, personne ne laboure;* p. ii, l. 10 : *Supposez un
fleuve où boivent des crocodiles, la soif se calme chez les
hommes.*

Une foule d'objets sont ainsi mis en scène, par exemple :
les métaux précieux employés à orner le cou des esclaves,
p. iii, l. 2 (pl. CVI); la chevelure, iv, 1; la mort, iv, 2; Athu
et To-mehi, deux villes de la Basse-Égypte, iv, 6; le pouvoir
des esclaves, iv, 13; la fuite du soldat, v, 4 (pl. CVII); le foin
mouillé, vi, 1; le blé gâté partout, vi, 3; les formules magiques, vi, 6, etc.

Aux pages vii, viii (pl. CVIII), et ix (pl. CIX), la rubrique
devient MA-TEN, *accordez, faites que, convenez.* L'une des
maximes de cette partie du manuscrit illustre d'une manière
bien remarquable pour l'époque, l'éternelle influence de la

richesse; p. VIII, l. 1 : *Faites que celui qui n'a rien devienne maître de richesses, le magistrat le louera.* Si la considération s'improvise dans certains cas, il n'en est pas de même de la science musicale; p. VII, l. 13 : *Faites de celui qui ignore le plectrum un maître de cithare, il ne jouera pas de manière à charmer la mélancolie.*

P. VIII, l. 5, un précepte approuve l'homme qui vit de son travail.

P. VIII, l. 10 et 12, est traitée l'hypothèse de rois soumis à des travaux vulgaires, et p. VIII, l. 11, de l'individu qui, n'ayant pas de couteau, serait chargé de tuer des bœufs.

On conçoit aisément l'intérêt de ce singulier manuscrit; malheureusement, par la nature même de son texte, il présente de grandes difficultés au traducteur, et ces difficultés sont beaucoup aggravées par la multiplicité des lacunes, qui entament presque toutes les phrases.

Les dernières pages du papyrus sont couvertes d'un texte philosophique, entrecoupé de si grandes lacunes, qu'il est presque impossible d'en tirer quelque chose de suivi.

Verso (pl. CXIV-CXXV) : Douze pages d'une très belle écriture, d'un corps plus élevé, mais du même type paléographique que les manuscrits précédemment décrits. De même que celui du recto, le texte du verso, dont le commencement n'existe plus, est déplorablement mutilé. Il contient un hymne au dieu de l'Égypte, considéré principalement dans ses attributions solaires; des rubriques, consistant dans les premiers mots de certains paragraphes écrits à l'encre rouge, le divisent en strophes. Voir p. I, l. 3 (pl. CXIV); II, 1, 5, 9 (pl. CXV); III, 6, 9 (pl. CXVI); IV, 1, 5, 11 (pl. CXVII); V, 5, 9 (pl. CXVIII); VI, 9 (pl. CXIX); VII, 2 (pl. CXX); IX, 5 (pl. CXXII); X, 3, 8 (pl. CXXIII); XII, 2 pl. (CXXV).

La divinité y est invoquée sous les noms divers du Panthéon égyptien : HORUS, HARMACHIS, TUM, CHPRA, ATEN, etc., et l'on y retrouve la plupart des attributions que les compositions du même ordre nous ont déjà fait connaître. Par exemple : *Gloire à toi qui as enfanté tout ce qui est......, qui as formé l'homme, fait les dieux, créé les animaux dans leur ensemble....., qui fais vivre les humains; qui n'as pas de second; seigneur des forces reproductives mâles; toi qui donnes le souffle*, p. II, l. 1 et suiv. (pl. CXV).

Dans l'invocation suivante, l'auteur a épuisé la série des termes exprimant la divinité et la souveraineté; il a même pu doubler l'idée *roi des rois*, en employant successivement les deux expressions, qui nomment distinctement *la royauté de la Haute-Égypte* et *celle de la Basse-Égypte : Salut à toi! Horus des Horus, dominateur des dominateurs, grand des grands, régent des régents, seigneur des seigneurs, dieu des dieux, roi des rois...*, p. VI, l. 9 et suiv. (pl. CXIX).

L'action providentielle de la divinité est bien indiquée dans les fragments que voici : *Celui dont la nature est de faire vivre le monde dans ses phases, le cours du Nil dont les voies sont secrètes; il rajeunit en sa saison.....*, p. VII, l. 7 (pl. CXX). *Il est la lumière du monde; il pousse dans toute herbe; il fait les grains, les plantes, la verdure.....*, p. IX, l. 2 (pl. CXXII). *C'est lui qui donne au fils les dignités du père*, p. XII, vers la fin (pl. CXXV).

On doit s'attendre à trouver l'expression de l'unité de dieu, et en effet elle apparaît énergiquement dans cette phrase : *Tu es l'unique au ciel et sur la terre....., il n'en est pas d'autre que toi*, p. X, l. 9 (pl. CXXIII). On sait que, chez les Égyptiens, la notion de l'unité divine comprenait à la fois le principe mâle et le principe femelle. Ce dédoublement paraît être rappelé à la rubrique, p. III, l. 6 (pl. CXVI), qui commence par les mots : *un double;* malheureusement la destruction du texte consécutif nous prive des commentaires de ce début.

En définitive, malgré son état de mutilation, ce manuscrit peut encore être l'objet d'une étude fructueuse.

Planches CXXVI-CXXXVIII

I. 345. Ce manuscrit paraît être de la même main que le n° I. 343; il est aussi de même sujet, c'est-à-dire qu'il consiste en un recueil de formules magiques. Le texte du verso est la suite de celui du recto.

Recto (pl. CXXVI-CXXXII). Les fragments qui couvrent les pl. CXXVI et CXXVII sont trop petits pour donner prise à l'étude. Il en reste assez cependant pour démontrer que ces débris appartiennent à des formules du même genre que celles qui vont suivre.

En *g*, ɪ (pl. CXXVIII) se trouve une imprécation contre la maladie SAMAUNA (l. 6), à la suite d'une énumération de différentes parties du corps, dont les fonctions sont indiquées, et notamment des *sept ouvertures de la tête*. A la ligne 8, une rubrique détermine le cas dans lequel la conjuration doit être employée.

Le S'ENTI suivant regarde l'AK'U, mais les lignes de toute cette page n'étant pas entières, il est difficile d'essayer une traduction. A la dernière ligne et dans les trois premières de la page suivante (p. ɪɪ, l. 1-3), je distingue cependant cette formule singulière :

..... a fait emporter les montagnes, celui qui exerce l'acte viril comme un taureau de sacrifice. Oui, il déracinera l'action de Samauna; oui, il déracinera ses deux...... ainsi que ses influences pernicieuses, qui ont pénétré jusqu'à son cœur (le cœur du malade sans doute).

SET et ANHER sont les dieux invoqués, p. ɪɪ, l. 4. Le rôle important d'ANHER dans les opérations magiques nous a été révélé par le Papyrus magique Harris.

Après la grande lacune qui coupe le milieu de la page, on trouve, l. 8 :

Tombe sur la poussière, ô Samauna! oui....., ouvrez

*vos bouches, vaisseaux de Men (fils) de Men-t! Éjaculez
l'Ak'u, qui est en vous! car je ne parle pas à toute espèce
de vaisseaux; car je parle aux vaisseaux qui ont reçu
l'Ak'u. Oui, vous demeurerez inertes (?) sur le sol; oui,
Phra saura dire : « O Samauna, meurs! » Oui, les Hathors
sauront dire à Samauna : « Sors!' »*

Nous arrivons, p. III, l. 5 (pl. CXXIX), à une lacune considérable. Un nouveau S'ENTI commence à la ligne 9; il y est
fait appel au nom d'HORUS et au nom de SET, *seigneur du
ciel, qui porte son glaive et abat la pierre d'une coudée.* Ce
passage fait allusion à un épisode encore inconnu de la
guerre typhonienne; la pierre mythologique sur laquelle
frappe SET, est sans doute la même, dont l'une des formules
du papyrus I. 343 menace AK'U et SAMAUNA [2].

A la fin de la page IV, nous retrouvons le dieu RAS'PU.....;
*frappera sur ta tête; oui, tu marcheras sur le sentier de
ceux que Ras'pu a tués; et de ceux qui ont marché devant
la poursuite d'Anher.*

Les planches CXXX et CXXXI n'ont plus que d'insignifiants fragments. Dans le dernier, page II, l. 2 (pl. CXXXI),
une rubrique ordonne de prononcer sept fois la formule qui
précède.

Le texte change ensuite momentanément de nature et,
au lieu de moyens magiques, donne contre les maladies de
véritables recettes, *reru*. Différentes substances sont indiquées comme devant être mélangées à certaines doses; tous
les noms sont lisibles, mais je ne puis identifier que le miel
et le sel de nitre HESMEN.

Les S'ENTIS recommencent dès la dernière ligne de la
même page, où nous en trouvons un contre le feu, ou l'in-
flammation, qui se manifeste à l'un des membres, nommé
st'a. Il est fait appel à la puissance de PHRA et de TUM à

1. Comparez *Mélanges égyptologiques*, [1re série,] p. 61 (C. L.).
2. V. supra, p. 136, 138 [du présent volume].

2

propos d'une exécution, dont le théâtre est placé par le texte dans l'Élysée égyptien, nommé ici la *campagne d'Aareru*[1], p. iii, l. 2 (pl. CXXXII). Le charme est puissant, car il peut *conjurer le ciel et anéantir la terre*.

La formule de menaces est curieuse : *S'il n'écoute pas mes paroles, je ne lui livrerai pas les yeux d'Horus, je ne lui livrerai pas le scrotum de Set, en ce monde à jamais.*

Il est question ici d'un épisode de la lutte d'Horus contre Set, déjà connu par le *Rituel*. Favorables ou non au bon principe, les événements de la guerre typhonienne avaient eu leur nécessité fatale. Aussi, au point de vue des idées égyptiennes, tout dérangement apporté à l'ordre de ces événements eût altéré les destinées providentielles de l'univers.

La rubrique explique que cette conjuration devait être répétée quatre fois, p. iii, l. 6.

Un dernier S'enti, que la rubrique finale montre employé dans le même cas que le précédent, commence page iii, l. 6. C'est un des plus curieux au point de vue mythologique, parce qu'il nous fait connaître la déesse Rannu, sœur du bœuf divin Hapu (Apis), venue de Punt (l'Arabie). Puis le texte passe à une espèce de litanie, dans laquelle le conjurateur interpelle le malade sous le nom de *Men de Ment*, que nous avons déjà plusieurs fois rencontré. L'origine du mythe d'Apis ne nous est pas encore connue; nous savons seulement qu'il date des plus anciennes époques; dans le texte cité se trouvent quelques indications qu'on pourra utiliser. La litanie est conçue en ces termes :

Je parle sur toi, Men de Ment, comme a parlé Phra sur lui-même. Je parle sur toi, Men de Men-t, comme a parlé S'u sur lui-même, lignes 8-9.

La même formule se continue avec les noms des dieux Sapti (Sothis), l. 10; Tum, ib.; Horus, l. 11; Set, l. 12 et

---

1. Comparez pour ce mot et pour ses formes, *Mélanges égyptologiques*, [1ʳᵉ série,] p. 104, 105 (C. L.).

Tɪᴏᴛɪ, p. 4, l. 1; et des déesses Isɪs et Nᴇᴘʜᴛʜʏs, l. 2 et 3.

. *Verso* (pl. CXXXIII-CXXXVIII). Dans les débris qui couvrent les planches CXXXIII, CXXXIV, on reconnaît encore des morceaux de Sᶜᴇɴᴛɪs contre Aᴋᶜᴜ, et la fin d'une cetteer médicale indiquant quelques substances à mélanger avec du vin, *f*, ɪᴠ (pl. CXXXIV).

De la planche CXXXV, j'ai déjà fait connaître le contenu; c'est le duplicata d'un passage du Papyrus I. 343 [1].

Le reste du manuscrit (pl. CXXXVI, CXXXVII et CXXXVIII) est tellement fragmenté, qu'il n'offre pas de prise à l'étude. On y retrouve l'Aᴋᶜᴜ, le *Men de Men-t, les serpents qui tuent*, etc. En *h*, ɪɪ (pl. CXXXVII), une rubrique annonce un *Sᶜenti contre les jambes mortes*, sans doute la paralysie. Une déesse nouvelle, qui porte le titre d'épouse d'Hᴏʀᴜs, est nommée à l'avant-dernière ligne du Papyrus, I, page ɪɪ (pl. CXXXVIII).

Planches CXXXIX-CXL

I. 346. Trois pages d'une bonne écriture de l'ère des Ramessides. Le papyrus est complet. Il porte le titre, page ɪ, l. 1 (pl. CXXXIX), de : *Livre de la fête de la fin de l'année*[2], et contient un texte mystique, qu'il fallait réciter pendant la fête des jours épagomènes et à la panégyrie d'Uᴀᴋ, au lever du soleil, pour conjurer la contagion annuelle[3]. Pour le même objet, *il fallait*, dit le Papyrus, p. ɪɪ, l. 3, *prononcer les paroles sur un morceau de toile* (ou de *papyrus*), *sur lequel on aurait dessiné une rangée de douze divinités; on faisait une offrande de pains et de liqueur hak; on brûlait de l'encens, et l'on s'attachait au cou l'amulette*

1. V. supra, p. 136 [du présent volume].

2. Le groupe, disparu au commencement de la première ligne, se retrouve à la page ɪɪɪ, l. 4 (pl. CXL).

3. Ou la peste. Voyez les *Mélanges égyptologiques*, [1ʳᵉ série,] p. 37-41 (C. L.).

*ainsi consacré. Cela sauve l'homme de la contagion an-
nuelle et l'ennemi, (la mort) ne peut s'emparer de lui.*

La rangée de douze divinités se trouve en effet dessinée
à la fin du manuscrit, et la pièce principale du papyrus est
une allocution du conjurateur à ces mêmes personnages
divins, dont le premier est la déesse PAK'T, *dame d'As'er.*
Ces divinités sont désignées en bloc sous le titre de *Dieux
à la suite de Pak't* (p. ii, l. 4) et de *Dieux coupeurs de têtes*
(p. i, l. 10). Entre autres singularités de cette allocution,
je remarque la litanie suivante, p. i, l. 9-13 : *Que je ne succombe pas sous les coups de celui qui est dans Pa; que je
ne succombe pas sous les coups de celui qui est dans Tepu;
que je ne succombe pas sous les coups de celui qui est dans
K'em* (probablement *Sok'em*)*; que je ne succombe pas sous les
coups de celui qui est dans On; que je ne succombe pas sous
les coups de celui qui est dans Tattu; que je ne succombe
pas sous les coups de celui qui est dans Abydos; que je ne
succombe pas sous les coups de celui qui est dans Ker;
que je ne succombe pas sous les coups de celui qui est dans
..... * (nom effacé, probablement *le Seba,* le ciel d'en bas)*;
que je ne succombe pas sous les coups de celui qui est dans
la terre; que je ne succombe pas sous les coups de celui qui
est au ciel; que je ne succombe pas sous les coups de celui
qui est dans le fleuve.*

Ces mentions se rapportent toutes à Osiris, et je ne doute
pas que les huit villes, désignées aux premiers versets, ne
soient précisément celles dans lesquelles Isis avait enterré,
les uns après les autres, les membres d'Osiris. Le sens intime
des paroles égyptiennes est : *que je ne succombe pas sous
les coups, sous lesquels a succombé Osiris, cette première
victime des forces destructives personnifiées en Set.*

La deuxième section du papyrus fait connaître les noms
mystiques des cinq jours épagomènes (p. ii, l. 5); le texte
explique que celui qui prononcera ces noms ne souffrira pas
de la soif, ne sera pas atteint par la contagion annuelle, ni

maîtrisé par PAK'T, l'exécutrice des vengeances divines, considérée comme présidant à tous les maux dont souffre l'humanité.

Le conjurateur dit : *Je connais cela (ces noms), je ne souffrirai pas de la soif; je ne succomberai pas à la contagion annuelle; Pak't ne me maîtrisera pas;* puis il passe en revue les cinq jours épagomènes, p. II, l. 7-III, l. 2, en indiquant leur qualité favorable ou funeste, à la manière du calendrier Sallier[1], et en y rapportant la naissance d'OSIRIS, d'HORUS, de SET, d'ISIS et de NEPHTHYS, dans l'ordre assigné par Plutarque; il demande, dans une courte prière, l'assistance de chacune de ces divinités et prononce enfin le nom mystique du jour épagomène.

Une clause, débutant par trois mots à l'encre rouge, p. III, l. 1 (pl. CXL), explique qu'il faut prononcer les formules en dessinant les dieux sur un morceau de toile avec des couleurs données, pendant les cinq jours complémentaires de l'année. On ne devait se livrer à aucun travail étranger. Celui qui avait ainsi opéré ne périssait pas.

Une seconde rédaction du livre des cinq épagomènes commence à la page III, l. 4; c'est un abrégé qui comprend une invocation, l'énonciation des noms mystiques, et la formule d'identification du conjurateur avec diverses divinités et notamment deux formes de PAK'T.

Planches CXLI-CXLVI

I. 347. Douze pages, plus trois lignes de la treizième, d'une écriture fine et nette, appartenant au même type paléo-

---

1. **Papyrus Sallier IV,** *Select Papyri in the Hieratic character in the British Museum,* pl. CXLIV-CLVIII. Voyez E. de Rougé, *Mémoire sur quelques phénomènes célestes rapportés sur les monuments égyptiens,* appendice *sur le Calendrier du Papyrus n° 4 de la collection Sallier,* dans la *Revue archéologique,* [1ʳᵉ série,] année IX. Comparez aussi H. Brugsch, *Ueber die fünf Epagomenen in einem hieratischen Papyrus zu Leyden,* dans la *Zeitschrift der Deutschen Morgenländ. Gesellschaft,* t. VI (1852) (C. L.).

graphique que les manuscrits précédemment décrits. Ce papyrus contenait deux compositions distinctes, mais de même sujet. De la première, il nous reste seulement les débris des deux premières pages (pl. CXLI, pages i et ii). On voit par la rubrique finale, qu'au moyen des paroles enseignées par le texte, on consacrait un objet de *tahen*, substance non encore identifiée, mais qui était employée pour la préparation de certains talismans.

La rubrique de la seconde pièce, p. xii, l. 9 (pl. CXLVI), nous fait mieux connaître l'objet commun de l'ensemble; *il fallait*, dit cette rubrique, *prononcer les paroles sur une image du chacal d'Anubis, dessiné sur un morceau de toile* (ou de *papyrus*) *avec deux couleurs, et en entourer les membres de la personne à secourir*. La personne, ainsi mystiquement armée, était préservée d'une foule de maux et notamment *de la contagion annuelle, et les maladies ne la détruisaient pas*.

Ainsi le Papyrus 347 avait bien la même destination que le 346; tous les deux formaient des talismans contre divers maux et surtout contre la contagion. On conçoit le motif qui les a fait conserver roulés l'un dans l'autre.

Celui qui fait l'objet de cette notice, présente une circonstance assez remarquable dans la multiplicité des corrections en interligne, qui y ont été notées à l'encre rouge. On reconnaît aisément les fautes qu'a relevées le correcteur, et il est possible même d'en signaler qui ont échappé à son attention. Pour ce motif, l'étude de ce papyrus fautif est à la fois difficile et instructive.

Il débute, p. iii, l. 1 (pl. CXLII), par un hymne à *Horus de la ville de Pa*, et à *Horus de la ville de Tapu*, deux localités de la Basse-Égypte d'importance mythologique considérable. Le dieu est invoqué sous des attributions très remarquables : *le seigneur des épouvantements, le roi des écrits, le très vaillant, le maître de la justice, le très redoutable, le seigneur des paroles....., le fondateur de la maison des livres......, le dominateur dans le combat, sa vaillance agit comme un pouvoir magique.....* (lig. 1-3).

La plupart de ces titres nous sont connus comme caractérisant THOTH, le dieu de la science, dont HORUS semble ici usurper le rôle.

A la dernière phrase de l'hymne, lig. 8-9, il est dit du dieu que *son amour est dans le sein des retu, paiu, rek'iu* et *hommu*. Ces quatre expressions s'appliquent les unes et les autres à la race humaine, avec des nuances sur lesquelles nous sommes mal renseignés. Elles reviennent du reste plusieurs fois dans la suite du manuscrit.

L'hymne à HORUS sert d'introduction au texte propre du livre magique, lequel se compose de dix AB-RU, ou invocations analogues aux S'ENTIS.

Dans le premier AB-RU (p. III, l. 9), je distingue : 1° la mention d'un événement mythologique; 2° une invocation à HORUS; 3° une prière : *détruis le mal dans mes membres; détruis l'hostilité chez les hommes; accorde-moi l'amour dans le sein de l'espèce humaine.*

Le deuxième AB-RU s'adresse à HORUS, *qui impose la crainte au cœur de tous, le respect au sexe masculin comme au sexe féminin*, p. III, l. 14-IV, l. 1. Il comprend une très remarquable invocation à ce dieu, p. IV, l. 3, dans laquelle sont introduits plusieurs noms géographiques qui rappellent l'Asie et l'Arabie, contrées où l'Égypte a probablement emprunté de toute antiquité des légendes mystérieuses. Le conjurateur s'identifie avec *Phra en son nom mystérieux du dieu qui est dans l'Abîme céleste, et dont les traits percent ses ennemis*. La prière finale, p. V, l. 2 (pl. CXLIII), n'est pas moins digne d'attention.

Telle est la marche générale de cet intéressant manuscrit. Il serait possible d'illustrer par des citations, chacun des AB-RU dont il se compose; mais il faut savoir se borner et je mentionnerai seulement un petit nombre d'indications mythologiques importantes : p. VII, l. 11 (pl. CXLIV), l'astre solaire est invoqué comme *le dieu unique, l'un qui n'a pas de second, Aten; il n'en existe pas un autre.* P. ix, l. 3 (pl. CXLV) : *Je suis Aten* (l'astre solaire) *lorsqu'il a brillé au jour de son premier lever, lorsqu'il a brillé à l'orient du ciel et que la terre s'est éclairée. Magnifiques sont les levers aux yeux des intelligents! ils ont détruit le néant et créé ce qui existe. Tous les hommes, en voyant les bienfaits, se prosternent, etc.*

L'allocution suivante au soleil couchant est d'un genre entièrement nouveau, p. ix, l. 8-x, 1 : *Symbole qui est celui du dieu à la belle face; pour lequel a été faite la demeure de vie, centre de son coucher, qui te développes en saveur comme les fruits Kas'nu, qui brilles comme le lys; dont toute la substance rayonne comme le tahen; amour de Neith au giron des dieux; toi qu'ils adorent en disant : « (bien) venu lorsque tu reviens! » Les intelligents se prosternent lorsqu'ils voient les levers désirés*..... P. x, l. 2, 3 : *Salut à vous, seigneurs des longs jours! Créateurs éternels! qui avez fait ce qui existe, qui avez créé ce qui n'existe pas; vous qui êtes cachés dans vos arcanes. Je viens; favorisez-moi; entendez celui qui vous appelle, appelez-moi!*..... P. xi, l. 12-xii, l. 1 (pl. CXLVI) : *Je marche, je viens dans la prairie odoriférante qui enfante les délices de Chons, la faim ne prélève pas son impôt dans cette terre, la soif n'y prélève pas le sien*.....

Enfin le dernier AB-RU finit par une mention, qui fait bien apprécier la nature du document, p. xii, l. 6, 8 : *J'ai écrit avec Thoth les hymnes; j'ai fait le livre avec Horus dans Pa*.....*; j'ai répété ce qui est sorti de sa bouche l'écrit de puissance magique qu'il a dicté (?). Je ne serai point renversé sur la terre; une année heureuse m'amènera une autre année pareille à elle dans ses mois (?), tranquille dans ses jours et dans ses nuits, tranquille dans ses heures*.....

Le manuscrit se termine par la clause finale dont nous avons parlé au commencement de cette notice[1].

Planches CXLVII-CLIV

I. 348. Ce manuscrit, écrit des deux côtés, contient des pièces de diverses mains et de sujets variés, que nous allons examiner successivement.

Recto, pl. CXLVI-CL. Page I. Fragment très usé d'une lettre écrite par un fonctionnaire égyptien à son chef hiérarchique. On y distingue encore la formule habituelle : *Cet envoi est pour l'information de mon maître.* P. II. Papyrus amulette intitulé : *Livre pour détruire les terreurs, qui viennent à tomber sur l'homme pendant la nuit.* C'est une espèce d'imprécation adressée au génie de la terreur, interpellé sous le nom de *face-en-arrière*. La clause finale, l. 5, explique qu'il faut prononcer les paroles sur des figures divines, dessinées sur un morceau de toile, qu'on attache au cou de celui qui a des visions effrayantes.

On voit en bas du texte les figures dont il est question; elles consistent en une barque, sur laquelle se tient debout OSIRIS en gaine; ISIS et NEPHTHYS lui font l'acte de salut. A côté de la barque un personnage emporte une momie.

Page III. Deux S'ENTI, ou formules magiques contre la brûlure. La première n'occupe que la première ligne. Elle devait être prononcée sur du miel, qui servait au pansement. La seconde couvre le recto de la page. Le conjurateur y assume le rôle de HORUS se précipitant sur la terre, sur le lieu enflammé.

Page IV (pl. CXLVIII). Essais calligraphiques d'un scribe très expert dans l'art d'écrire. Les trois premières lignes sont des fragments entrecoupés de la légende de Ramsès II.

1. Comparez aussi *Mélanges égyptologiques,* [1ʳ série,] p. 38-39 (C. L.).

Les deux dernières lignes mentionnent la maison militaire de ce pharaon.

Page v. Légende complète de Ramsès II. Ces essais calligraphiques sont d'une magnifique écriture.

Pages vi-vii (pl. CXLVIII), pages viii, ix, x (pl. CXLIX) : Diverses lettres écrites par le scribe KAUISAR à son supérieur, le scribe BEK-EN-PTAH, et fragment d'une lettre de ce dernier à KAUISAR.

Dans la première, p. vi, l. 1-4, KAUISAR rend compte à son maître de l'état de sa ferme[1].

La seconde, p. vi, l. 5-8, annonce l'exécution d'un ordre concernant des soldats et des individus nommés APERIU[2], de race étrangère, employés à la construction d'une maison de campagne pour Ramsès II. On retrouve les APERIU mentionnés aux carrières d'Hammamat, au temps de la XXe dynastie.

Dans une troisième communication, p. vii, l. 1-2, KAUISAR affirme qu'il a exécuté tous les ordres de son maître fidèlement et complètement et qu'il n'a pas donné lieu à réprimande.

Une quatrième lettre, p. vii, l. 5, constate l'état satisfaisant du temple auquel était préposé le scribe BEK-EN-PTAH.

Dans la cinquième, p. vii, l. 6-8, KAUISAR informe son maître qu'un officier militaire, nommé NETEM, est venu prendre l'une des statues royales pour la placer dans le temple de PTAH, *seigneur de la vie du monde*.

La sixième lettre, p. viii, l. 1-3 (pl. CXLIX), est semblable à la troisième, p. vii, l. 1 (pl. CXLVIII).

A la septième, p. viii, l. 4-ix, l. 2, Kauisar signale son arrivée avec deux convois venant des pêcheries; les barques

____

1. Comparez, sur cette lettre, *Mélanges égyptologiques*, [1re série,] p. 92-93 (C. L.).

2. L'ethnique Aperiu = עברים, est à identifier avec le nom des Hébreux. Voyez *Mélanges égyptologiques*, [1re série,] p. 46 et suiv. jusqu'à 54 (C. L.).

naviguant dans le bassin de Memphis, KAUISAR prie son maître de tout faire préparer au port, comme il l'avait promis.

Dans la huitième, p. IX, l. 3-5, KAUISAR explique qu'il s'est acquitté de la mission à lui donnée, de fournir la nourriture pour les animaux et le bétail de son maître.

L'unique lettre de BEK-EN-PTAH à son surbordonné KAUISAR, p. IX, l. 6-X, l. 8, est beaucoup plus intéressante que celles que nous venons de passer en revue; malheureusement elle présente beaucoup de lacunes. C'est un ordre concernant les SMATU, agents inférieurs du Ramesséum. Il est prescrit d'en constater le nombre et de les obliger à se faire connaître chacun par son nom. Un ordre analogue à propos des mêmes agents se trouve dans un des papyrus du Musée Britannique (*Select Papyri of the British Museum*, Anastasi V, p. XXV, l. 6).

La mission donnée par BEK-EN-PTAH à KAUISAR comprend encore une foule d'objets intéressants, en ce qu'ils montrent le soin administratif qui présidait dans l'ancienne Égypte, à la gestion des intérêts privés et des intérêts publics.

La page XI appartient à la pièce écrite au verso du papyrus; il en est de même de la page XII (pl. CL). Nous reviendrons sur ces deux pages qui sont les deux dernières du texte que je vais examiner.

Verso (pl. CLI-CLIV et CXLIX, CL). Texte de quinze pages, dont treize couvrent le revers du papyrus, et les deux dernières l'espace resté libre sur le recto. Le manuscrit, d'une écriture large et assurée, contient un recueil de S'ENTI contre les maladies qui ont leur siège dans la tête et dans les intestins. Gêné par le manque d'espace, le scribe a notablement resserré son écriture vers la fin.

Ainsi que je l'ai déjà fait remarquer à propos de tous les textes du même genre, la puissance magique des formules est empruntée à la mention de certains faits mythologiques, et le plus souvent des événements de la guerre typhonienne. Ces mentions, qu'on ne trouve pas ailleurs, ajouteront considérablement à nos connaissances dans ces mythes obscurs et compliqués. A ce point de vue les Papyrus de Leyde offrent un vaste champ de recherches; mais le plus important par son étendue, sa conservation, la netteté de son typographique, la variété et l'importance des renseignements qu'il contient, est certainement celui dont je vais essayer de donner quelque idée.

La page 1 (pl. CLI) n'est pas complète: il y manque la première ligne; toutes les lignes ont du reste perdu leur commencement. A la seconde on remarque le titre *Ki-ro*, *autre chapitre*, précédé d'une clause à l'encre rouge indiquant l'emploi d'une formule antécédente, qui a disparu avec une partie du papyrus. La formule qui suit ce *Ki-ro* est du reste fort courte, et sa clause finale occupe la quatrième ligne.

Une autre section commence à la ligne 5; elle contient un texte mystique qui revient plusieurs fois dans le papyrus. Il est conçu en ces termes : ..... *tête! par Horus; lieu de la tête!* (probablement l'intérieur du crâne, la cervelle) *par Thoth; sommet de la tête! par l'Épervier divin.* Au moyen de ces paroles, le conjurateur semble appeler l'influence des divinités nommées, sur les organes malades, qu'il touche en même temps. Dans les mentions mythologiques de ce texte mutilé apparaît le nom de la déesse RANNU[1], p. II, l. 4. On y reconnaît une espèce de charme à l'usage des différentes parties de la tête, telles que le front, les narines, le nez et les yeux, l'échine, le cou, etc. Ensuite il est dit du malade, p. II, l. 6-8: *Voici que la tête vient sur lui avec quatre portes de vie; deux yeux en elle pour apercevoir; l'oreille en elle pour écouter les paroles; les narines en elle pour goûter l'air; la bouche en elle pour répondre comme la déesse Safk'.* La fin, l. 8-9, explique que ses membres seront saufs des principes mortels, énumérés dans une série que nous trou-

---

1. Le Papyrus magique Harris montre aussi Rannu invoquée pour des effets magiques.

verons répétée dans d'autres sections : K'EFT, l'ennemie, la mort elle-même, PEFT, mot nouveau pour moi; puis *les morts mâles et femelles*, c'est-à-dire les esprits malfaisants; enfin AB-RU, les maléfices.

En page II, l. 2, un titre complet établit de la manière la plus claire la nature du document; ce titre se lit en effet : *Autre chapitre du charme de la tête malade.* La formule consiste ici en une allocution *au fils d'Horus, qui passe son temps étendu sur une brique* (ou pièce) *d'étoffes.* Il y est aussi question de SET, p. III, l. 1. Le fait mythologique se réfère à la confection d'un talisman d'étoffe, au moyen duquel le malade, désigné sous le nom de *Men* (*fils*) *de Men-t*, sera rétabli en santé. Cette désignation, que nous retrouverons encore plusieurs fois dans d'autres formules, nomme la personne malade, sur laquelle le charme doit opérer.

En page III, l. 2. Autre S'ENTI : *Évacue, venin caché; évacue, venin caché de cette tempe, désordres qui ont traversé Men* (*fils*) *de Men-t.*

En page III, l. 3. Même adjuration au venin caché des sourcils et de la tête. Les deux formules se répétaient quelquefois.

Les deux S'ENTIS suivants, p. III, l. 5-IV, l. 3, reproduisent avec quelques variantes, la formule de l'adjuration aux parties de la tête, que nous avons déjà rencontrée; l'un d'eux se prononçait sur une peau de serpent, qu'on tenait à la main, et la tête en était guérie; et l'autre sur un talisman d'étoffe, qu'on plaçait à la jambe droite du malade.

Le titre : *Autre S'enti de la tête*, p. IV, l. 3, précède une formule dans laquelle les douleurs de tête sont interpellées sous les noms de *Kheft, peft, morts mâles et femelles, t'aï mâles et femelles. O vous*, dit le texte, *qui êtes tombés sur la tête de Men* (*fils*) *de Men-t, c'est la tête du soleil lui-même, la lumière du monde, celui qui fait vivre les intelligents.*

En page IV, l. 5, un S'ENTI rappelle un épisode de la guerre

typhonienne : *Horus combattait contre Set avec une branche
de palmier. Le fils de Seb, Phra, entend Horus crier à
Seb : « Horus souffre à la tête; qu'Isis détruise ses maux! »
disant : « O mère d'Horus, délivre-moi de toutes mes souffrances ». Ces paroles se disent sur des brins d'un seul
palmier, cueillis (?) à droite, trempés dans la liqueur hesau ;
on en fait un talisman, qu'on place au cou du malade.*

Le S'ENTI suivant est des plus bizarres, p. IV, l. 9 : *Partie
antérieure de renard, partie postérieure de la truie de Phra,
lesquelles étant brûlées, il en sort une graisse qui atteint le
ciel, et il en retombe des aspics sur la terre. Cela se dit
quatre fois.*

Nous arrivons ensuite (pl. CLII) à une formule plus longue et non moins curieuse; le malade y est, comme nous
l'avons vu déjà plusieurs fois, appelé : *Men (fils) de Men-t.*
Le conjurateur appelle sur lui, page V, l. 1 et suiv., par ses
charmes la force salutaire et divine, le *besau* de PHRA et de
TUM, père des dieux; puis le *besau* de son crâne, de ses
yeux, de ses narines, etc., est spécialement comparé au
besau des mêmes organes de plusieurs dieux; enfin toutes
les parties de son corps sont identifiées aux parties analogues
d'autant de dieux différents, comme dans les formules du
chapitre XLII du Rituel funéraire. Ainsi : *Sa lèvre supérieure
est celle d'Isis, sa lèvre inférieure est celle de Nephthys,*
p. V, l. 5-6. Tel est certainement le sens de ces formules,
ici comme au Rituel, et il ne faut pas lire : *Sa lèvre supérieure appartient à Isis.* Une preuve de ce fait résulte de
l'arrangement de la formule relative au dos, où il est dit :
Son dos (peset) est l'échine (aat) de Thoth, l. 7. La suite
du texte, p. VI, l. 2, ajoute d'ailleurs que *pas un de ses
membres n'est sans dieu.*

Il serait trop long de passer en revue chacun des S'ENTIS
de cet intéressant manuscrit. Ce que j'en ai dit suffit pour
faire comprendre la marche du texte et pour faciliter la tâche
de ceux qui voudront l'étudier. Je me bornerai maintenant

à mentionner brièvement quelques points parmi ceux qui m'ont paru les plus curieux.

P. vi, l. 5. Ce S'ENTI interpelle directement les souffrances du malade, *ce qui brise sa tête, pénètre son front, détruit son crâne*, etc. Ce chapitre est des plus importants pour la philologie, à cause de la longue énumération qu'il renferme des termes exprimant la souffrance et la maladie [1].

Les effets des principes morbifiques sont détaillés, p. vii, l. 5 : *Ils paralysent les vaisseaux, aveuglent, produisent des désordres dans les chairs et dans tous les membres*. Ses maux étant conjurés, *le malade*, l. 6-7, *Men* (*fils*) *de Men-t, se lève*, dit le texte, *comme le soleil;* puis, de même que les défunts dans les formules funéraires, il est identifié avec Phra, et la suite énonce les triomphes de ce dieu, l. 7-8, et p. viii, l. 1-5.

La clause finale, p. viii, l. 5-6, prescrit de dire le S'ENTI sur une image de PHRA, qu'on met à la tête du malade pour repousser les maux.

P. viii, l. 7. Identification de la tête, des bras et des pieds du malade, avec les mêmes parties de TUM; la création et l'ordre providentiel sont attribués à ce dieu, qui *a fait vivre les dieux, qui leur a donné leurs têtes, qui a disposé leurs nuques, qui leur a donné l'aliment de sa doctrine, qui leur a donné l'air*, etc., l. 8-9-ix, l. 1 (pl. CLIII). La suite est une adjuration contre les maux, se terminant ainsi, p. ix, l. 5-6 (pl. CLIII) : *Qu'aucun dieu, aucune déesse, aucun esprit mâle ou femelle, aucun mort mâle ou femelle, aucun t'aï mâle ou femelle n'ait le pouvoir d'entraîner les membres de Men* (*fils*) *de Men-t en aucun mal dangereux!*

Les deux S'ENTIS, dont les titres sont en p. ix, ult., et en p. x, l. 5, ont encore pour objet les douleurs de tête et ramènent la formule d'adjuration à la tête et à quelques-uns de ses organes, dont nous nous sommes déjà occupés. On

---

1. Comparez *Mélanges égyptologiques*, [1re série,] p. 59 (C. L.).

voit aisément que le texte des pages x et xi se rapporte à
la tête; mais il en est autrement des premières lignes de la
page xii, où il est question des douleurs d'entrailles. On y
lit en effet, ligne 2 : qu'*ayant prononcé le chapitre à gauche
sur le sol, il place la main sur le ventre et son mal guérira*.

La rubrique, p. xii, l. 4, explique qu'*il fallait dire les paroles sur une image de la jeune Isis, qui guérit tout mal
dans le ventre; la jeune Isis y envoie une fraîcheur pour
le guérir*.

La singulière formule qui suit devait se dire sur deux
images de *Thoth, dessinées dans la main du malade face
à face*, l. 6-7. Quoique cette clause soit des plus clairement
exprimées, le scribe a cru devoir dessiner à la suite les deux
figures affrontées de THOTH (p. xii, l. 7).

Nous trouvons ensuite un titre complet : *Autre chapitre
pour détruire l'Ak'u dans le ventre*. La formule consiste en
une invocation à ISIS et à NEPHTHYS, et rappelle la confection
d'une amulette, dont l'effet est exprimé de la manière la
plus naïve. Cette formule devait être prononcée sur une
série de figures reproduites dans la clause finale, et qu'on
devait dessiner sur une partie du corps du malade, p. xii, l. 10.

Le S'ENTI, qui commence à la dernière ligne de cette page,
est un colloque singulier entre HORUS et ISIS. Il se prononçait
sur un morceau d'étoffe couvert de figures de divinités et
d'autres symboles, qu'on plaçait à la main de la personne
qui souffrait du ventre.

L'emploi des formules suivantes (pl. CLIV) se combinait
avec l'absorption de certains breuvages, p. xiii, l. 3, 5, etc.
Je me bornerai à y faire remarquer qu'à la fin d'une de ces
formules, l'opérateur s'identifie à la fois avec HORUS et
avec SET, les deux termes opposés du dualisme, p. xiii, l. 9
(pl. CLIV).

Je passe sur les S'ENTIS de la xiv° page, Recto, p. xii
(pl. CL), bien qu'ils soient fort intéressants, et je me hâte de
signaler la formule de menaces, qui se trouve à la xv° et

dernière page du manuscrit, recto, p. xi, l. 5 (pl. CLIX) : *Le
ciel ne sera plus; la terre ne sera plus; les cinq jours épagomènes ne seront plus; ne seront plus les offrandes aux
dieux, seigneurs d'Héliopolis,* l. 5. *Il y aura affaissement
dans le ciel du midi; désastres dans le ciel du nord; des cris
dans l'intérieur de la tombe. Le soleil ne luira pas; le Nil
ne croîtra plus,* l. 6; *il s'affaissera en sa maison,* l. 7.

Tel est le tableau du plus grand bouleversement que pouvait décrire l'imagination des Égyptiens; et en effet il comprend la brusque cessation de tous les faits sur lesquels
reposaient pour eux l'harmonie des astres, le culte des
dieux, le repos des morts et l'existence des vivants. Ce
passage est très remarquable.

Aussi n'est-ce pas de son autorité privée que le conjurateur
prétend produire d'aussi terribles effets : *Ce n'est pas moi
qui parle,* ajoute-t-il, l. 7, *ce n'est pas moi qui réitère
l'ordre; c'est Isis qui parle; c'est elle qui réitère l'ordre.*

La dernière section de cette page, p. xv, l. 3 (pl. CXLIX),
est une allocution aux dieux qui se tiennent à l'avant de la
barque du soleil. On y trouve exprimée l'idée que les douleurs d'entrailles sont causées par l'introduction d'un reve-
nant (mort mâle ou femelle). Il en était probablement de
même pour la plupart des maladies au point de vue de la
médication surnaturelle. On sait déjà que l'un des savants
de l'Égypte reconnut qu'une princesse asiatique souffrait de
la présence d'un esprit, qui s'était introduit dans son corps,
et qu'à cette occasion l'image du dieu Chons opéra une cure
merveilleuse[1].

Planches CLV-CLVIII

I. 349. Papyrus écrit des deux côtés. Le texte du verso,
tout différent de celui du recto, sera examiné à part.

1. Voyez Birch, *Notes upon an Egyptian Inscription in the Bibliothèque nationale of Paris (Transactions of the R. Society of Litera-*

Recto, pl. CLV, CLVI. Ce texte se compose de deux pages d'une très grosse écriture, contenant une lettre du scribe Keniamen au *Kat'en* Ilui de la cour de Ramsès II. La lettre se divise en quatre paragraphes, dont les trois premiers ne présentent aucun intérêt. Dans le dernier nous trouvons le compte rendu de l'exécution d'un ordre, concernant la fourniture du grain, l. 14-16 (pl. CLVI) *aux gens de guerre et aux Aperiu qui tirent la pierre pour le temple de Phra de Ramsès Meriamen au sud de Memphis.* Je rappelle ce que j'ai dit des Aperiu dans la notice du papyrus I. 348[1]. La lettre finit, l. 17, par la formule ordinaire : *Nefer senb-ek, Vale.*

Verso, pl. CLVII et CLVIII. Deux pages fragmentées (p. I et III) et une page entière (p. II), d'un recueil de S'entis contre les scorpions nommés ici *t'aûriu*, par orthographe syllabique. Les scorpions sont conjurés de la même manière qu'Ak'u ou Samauna, dans les documents du même ordre déjà examinés. Par exemple : *Arrêtez! arrêtez! scorpions, obéissez!* p. I, l. 8 (pl. CLVII). *Je suis l'enfant de Phra au milieu de ses dieux parèdres; éloignez-vous de moi, scorpions!* p. II, l. 4 (pl. CLVII et CLVIII).

En page II, l. 5, commence un S'enti singulier : *Je suis couché dans mon lit; un accident m'arrive; je suis renversé au milieu de la nuit et me trouve sur le sol, meurtri, prononçant le S'enti à haute voix et criant contre les vaisseaux* (veines, artères, nerfs, etc.), *comme la voix de Phra, contre ses dieux parèdres,* l. 5-7; suit une série de formules analogues.

Ce papyrus, quoique incomplet, est encore très intéressant à étudier.

ture, t. IV, New Series), et E. de Rougé, *Étude sur une stèle égyptienne appartenant à la Bibliothèque impériale* (Extrait du *Journal asiatique*, 1856, 1857 et 1858), Paris, 1858.

1. Voyez supra, p. [152 du présent volume].

Planches CLIX-CLXVII

I. 350. Papyrus incomplet écrit des deux côtés et contenant deux pièces très différentes.

Recto, pl. CLIX-CLXIII. La première pièce couvre les cinq pages du recto. Des lacunes et des éraillures nombreuses en rendent la lecture malaisée. Il est néanmoins facile de reconnaitre que ce manuscrit appartient aux temps des Ramessides. C'est un hymne adressé au dieu de l'Égypte sous ses attributions solaires.

Cet hymne est divisé en strophes par des rubriques à l'encre rouge, dont les formes graphiques sont très diverses. Comparez par exemple, p. i, l. 2, 13 (pl. CLIX); p. ii, l. 10, 20 (pl. CLX); p. iii, l. 14, 22 (pl. CLXI); p. iv, l. 9, 12, 21, 26 (pl. CLXII), etc. En page iv, l. 9 et 12, on lit assez distinctement *S'ai ape*, composé qui veut probablement dire : *Caput, tête d'écriture, chapitre*, et qui est suivi d'un nombre ordinal.

Quoiqu'il soit difficile de trouver la même expression dans les premiers signes des autres rubriques, il est à remarquer que les nombres ordinaux suivent une progression régulière, mais singulièrement arrangée. La première rubrique qui nous reste porte le n° 6, page i, l. 6. Comme on trouve le n° 7, page i, l. 13, le n° 8 dans la lacune de la page, le n° 9, page ii, l. 2, et le n° 10, page ii, l. 10, on reconnait immédiatement qu'il manque au papyrus les cinq premières rubriques et probablement une introduction, c'est-à-dire environ trois pages.

La division qui suit la rubrique 10 porte le n° 20, page ii, l. 15; puis l'on retrouve les n°s 30, 40, 60, 70 et 80; les n°s 50 et 90 ont disparu avec le bas des pages. A partir du n° 100, page iv, l. 9, la progression suit l'ordre des centaines jusqu'à la dernière rubrique, n° 600, page v, l. 5.

Il serait difficile de trouver la raison de cette division singulière d'un texte égyptien. C'est du reste le premier exemple que j'en aie rencontré.

L'hymne, par son étendue, mais surtout par l'importance des notions mythologiques qu'il renferme, est digne d'une étude sérieuse. On y rencontre sous des formes nouvelles les attributions ordinaires de la divinité. Par exemple : *Le dieu est le soleil lui-même incarné* (littéralement *rassemblé en son corps*), p. IV, l. 13 (pl. CLXII) ; *son commencement date des premiers temps* (littér. *de la première fois*). *C'est le dieu qui a existé antérieurement.....; il n'y a pas eu de dieux sans lui.....; une mère ne l'a pas nourri, un père ne l'a pas engendré*, p. IV, l. 9, 10. *Dieu-déesse, créé de lui-même, tous les dieux ont existé dès qu'il a commencé*, p. IV, l. 11.

Ces deux dernières phrases sont la formule la plus nette et la plus simple de la théologie égyptienne, telle qu'elle était enseignée au plus haut degré de l'initiation. Un dieu unique, investi de la puissance complète de produire, c'est-à-dire des deux principes, mâle et femelle ; il s'est créé lui-même avant toutes choses et l'arrivée des dieux n'est qu'une diffusion, une manifestation de ses diverses facultés et de ses volontés toutes-puissantes.

Verso. La deuxième pièce qui occupe les planches CLIV, CLV et CLVI, consiste en cinq colonnes d'un registre de comptabilité, énonçant l'entrée et la sortie de différentes matières et denrées au Ramesséum, sur la fin de Méchir et au commencement de Phamenoth de l'an LII de Remsès II[1].

Les entrées sont indiquées par le mot *Eni, apport,* comme page II, l. 9 : *Apport du Kat'en Ramessu-Nak't;* p. III, l. 8 (pl. CLXV), *Apports du chef militaire.....*

Les sorties sont notées par le mot *Rtai, donné, livré.* On y trouve aussi le dénombrement plusieurs fois répété des

---

1. Comparez *Mélanges égyptologiques*, [1ʳᵉ série,] p. 25-28 (C. L.).

employés du palais, parmi lesquels on distingue les Smatu et d'autres agents, p. iii, l. 18 (pl. CLXV); p. v, l. 5 et 16 (pl. CLXVI). Chacun de ces subalternes recevait certains objets, quelquefois à raison de deux par tête, ainsi que le montrent les chiffres placés en regard de leurs noms.

Le dépouillement de ces comptes mettrait certainement sur la voie de faits très importants; malheureusement l'écriture en est très cursive et la multiplicité des mots techniques qui nous sont inconnus, en rend la traduction fort difficile. Ils montrent du reste au premier coup d'œil l'ordre parfait, introduit par les anciens Pharaons dans les plus minces détails de leur administration.

La page vi du verso (pl. CLXVII) contient encore quelques lignes de compte, et, dans un sens inverse, treize lignes d'un texte religieux très usé et très difficile à lire.

Planche CLXVIII

I. 351. Compte de dépenses faites à la date du 30 Méchir et des premiers jours de Phamenoth; l'année n'est pas notée[1]. Au nombre des parties prenantes, on remarque des serviteurs, des ouvriers, un officier militaire, etc.

Ce papyrus a été trouvé à Memphis, joint au suivant I. 352, et avec le Papyrus I. 368.

352. Page de compte intitulée : *État indicatif des choses emportées par l'esclave du Kat'en, Pak'ari* (le Syrien[2]). Nous verrons en effet, en expliquant le Papyrus I. 368, que cet état concernait un esclave fugitif que son maître faisait poursuivre.

Le compte est disposé en colonnes. Dans la première à droite se trouve la dénomination des objets; le nombre est écrit en chiffres à la seconde colonne; dans la troisième il est

1. Comparez *Mélanges égyptologiques*, [1ᵉ série,] p. 17-18 (C. L.).
2. Comparez *Mélanges égyptologiques*, [1ᵉ série,] p. 18-25 (C. L.).

réduit en poids *uten*[1]. C'est ainsi que le chiffre 1 vis-à-vis le premier article devient 20; 1 vis-à-vis le deuxième et le troisième, 6; 1 vis-à-vis le quatrième, 3 ½. A partir du cinquième inclusivement les chiffres des deux premières colonnes devaient être identiques, et le scribe s'est contenté de répéter celui de la cinquième où s'arrête la troisième colonne.

La dernière colonne est le produit de la multiplication des chiffres de la deuxième par trois, sauf pour le premier article, où le multiple est deux. Pour mieux faire comprendre cette disposition, je transcrirai le quatrième article du compte, l. 5, en supposant, d'après le déterminatif, que l'objet dont le nom est éraillé est une espèce d'arme, et en répétant les mentions du premier article :

Arme 1, *faisant poids-uten* 3 ½, *faisant t'au metal-uten* 10 ½.

Il y a vraisemblablement ici l'indication d'une valeur estimative, et notre Papyrus touche ainsi à l'une des questions les moins connues du régime économique de l'ancienne Égypte.

Je m'abstiendrai d'étudier ici avec plus de détails les mentions du manuscrit; toutefois, je ferai remarquer encore que le neuvième article, consistant en 17 pièces d'une certaine étoffe, est évalué en *t'au* d'étoffe, et donne ainsi pour produit 51.

Trouvé, joint au papyrus précédent I. 351, et avec le papyrus I. 368, à Memphis.

Planche CLXIX

I. 353-355. Papyrus magiques, ployés sous un petit volume et liés avec une ficelle, v. 353 *a*, 354 *a* et 355 *a*. On les

---

1. J'ai déterminé la valeur de ce poids, *Note sur un poids égyptien,* etc.; *Recue archéologique,* N. S., 1861, p. 12; il pèse 91 grammes, [cf. p. 107-114, du présent volume].

portait sur soi, comme des talismans, d'après les indications que nous avons trouvées aux papyrus I. 346, 347, etc.

353. Une ligne incomplète de texte hiératique; au-dessous, figures de diverses divinités et de barques symboliques.

354. Texte hiératique mutilé; au-dessous trois aspics divins, deux yeux symboliques, Isis, NEPHTHYS et TUORIS.

Ces deux papyrus 353, 354, furent trouvés réunis par leurs liens. Ils constituaient deux talismans, ayant chacun son objet spécial, mais portés par la même personne.

355. Débris insignifiants d'un papyrus de même espèce.

Planche CLXX

I. 356-359. Autres papyrus magiques, trouvés roulés et liés avec des cordons de couleur, v. 356 *a*, 359 *a*, 356 *b-d*. Rangée de divinités grossièrement dessinées. ANUBIS et HORUS adorant l'une des formes d'OSIRIS; un taureau, un autre taureau au-dessus d'un scarabée et d'une abeille; ISIS, NEPHTHYS, THOTH, le BENNU et le dieu AKER, représenté sous la forme d'un vieillard courbé par l'âge. Enfin l'épervier d'HORUS adoré par THOTH et par un personnage à tête humaine; des cartouches, dont un porté sur des jambes, divers animaux symboliques et personnages mythologiques, PHRA, SELK, etc., l'animal typhonien frappé par NEITH, PTAH, HORUS, PAK'T, OSIRIS, AMON, *générateur*, K'EPER, etc. SET, peint en rouge, est le dernier personnage de la rangée; le papyrus est de basse époque.

357. Papyrus représentant une fleur de lotus.

358 *b*. Papyrus contenant des adjurations au principe de la maladie et de la mort : *O toi qui enlèves, n'enlève pas son cœur; ó toi qui maîtrises, ne maîtrise pas ses membres..., ne viens pas contre lui; ne t'empare pas de ses chairs; ne fais contre lui rien de nuisible*, etc.

Ce papyrus appartient aussi aux basses époques.

359 *b*. Papyrus sur lequel sont figurés un scarabée et un

dieu léontocéphale, que précède le nain mythologique appelé Nemma.

Planches *CLXXI-CLXXVIII*

I. 360-367. Lettres missives sur papyrus. Ces lettres, pliées à plat, liées par un cordon de papyrus et cachetées d'un sceau de terre glaise, portent une adresse à l'une des extrémités du revers. Ces papyrus nous offrent la forme, sous laquelle la correspondance privée était expédiée aux temps pharaoniques, et c'est là leur principal mérite, car leur contenu présente généralement peu d'intérêt. Nous allons les passer en revue.

360. Pl. CLXXI. Pour donner une idée complète de ces lettres, je traduis entièrement celle-ci :

Le sotem Mersuatef pour la satisfaction de sa maîtresse, la prêtresse d'Isis, Tanur; vie saine et forte; et faveur d'Amon-Ra, roi des dieux!

Je dis à Phra-Harmachis, à Amon de Ramsès-Meriamen, à Phra de Ramsès-Meriamen, à Sutek', le très vaillant de Ramsès-Meriamen, à tous les dieux et déesses du temple de Ramsès-Meriamen et à la personne auguste de Phra-Harmachis (le roi lui-même, pharaon), *puisses-tu avoir la vigueur, puisses-tu avoir la vie, puisses-tu avoir la santé!*

Avis : En ce moment le chef militaire est en bon état; ses hommes sont en bon état; ses enfants sont en bon état. Ne te préoccupe pas d'eux; ils sont en bon état aujourd'hui. On ne sait pas ce qui sera demain. Porte-toi bien'.

L'adresse écrite au verso est ainsi conçue: *Le sotem Mersuatef à sa maîtresse, la prêtresse d'Isis, Tanur.*

---

1. Cette phrase nous rappelle le précepte du Vieux-Testament; *Proverbes*, xxvii, 1 : *Ne te vante pas du jour du lendemain, car tu ne sais pas ce que le jour enfantera* (C. L.).

Cinq de ces huit lettres ont été écrites par le même scribe Mersuatef, qui s'est servi de différents cachets pour les sceller; aux trois dernières 365-367 l'empreinte du sceau est le cartouche-prénom de Thothmès III Ra-men-K'eper, au-dessus d'un scarabée les ailes éployées. Ce cachet de fantaisie ne signifie rien quant à la date de nos lettres, qui sont bien moins anciennes que le règne de Thothmès III; elles datent très certainement de celui de Ramsès II, et Pentaour, l'écrivain de l'une d'elles, 362, peut bien être l'auteur du poème sur la guerre des Khitas, connu sous le nom de *Poème de Pentaour*, depuis la traduction qu'en a publiée M. E. de Rougé[1].

Planche CLXXIX

1. 368. Ce papyrus[2] est un rapport officiel, adressé par un fonctionnaire nommé AFNER au prince S'A-EM-T'AMA, l'un des fils de Ramsès II, sur la recherche et la capture de six esclaves appartenant au prince ATEF-AMEN, lesquels avaient pris la fuite.

Le préambule de ce document intéressant est usé et illisible, mais les lacunes ne nous privent que des formules obséquieuses du rédacteur, et de la première ligne de son rapport dont l'ensemble peut encore être saisi avec exactitude.

AFNER expose qu'il s'est rendu à Memphis, avec des gens à ses ordres, l. 3, 4; qu'il y fut invité à rechercher six domestiques du prince ATEFAMEN, lesquels étaient au bourg de SUTENNEN[3], l. 5; qu'il fit parler leurs compagnons; qu'il

1. E. de Rougé, *Le poème de Pen-ta-our*, extrait d'un *Mémoire sur les campagnes de Ramsès II*, Paris, 1856 (C. L.).

2. Comparez *Mélanges égyptologiques*, [1re série,] p. 3-13, et la transcription hiéroglyphique de ce texte donnée par M. Chabas (C. L.).

3. Nom d'une ville située sur le littoral de la Méditerranée, ou peut-être sur les rives du Nil, en tout cas dans une partie de l'Égypte acces-

traita avec un voiturier, l. 6; et se rendit à Sutennen, où il rencontra Piaï, serviteur du capitaine..... (nom oblitéré), l. 7; ainsi que Kenhikhopes'ef, serviteur du prince Atefamen, lesquels lui amenèrent six hommes de leurs hommes, l. 8, 9 (sans doute pour prêter main-forte); qu'étant revenu prendre les autres, il en rend compte à son maître en le pressant de renvoyer devant le juge ceux d'entre eux qui doivent comparaître avec les hommes, l. 9-11 (sans doute les témoins); que provisoirement il les a consignés à Memphis, l. 11, 12, etc.

Le document donne lieu à des observations importantes sur le mécanisme administratif de l'Égypte. Les princes du sang y étaient à la tête des principales branches de l'administration, et c'est peut-être en sa qualité de chef de la justice que le prince S'aemt'ama reçut le rapport d'Afner. Ce rapport n'est point adressé au prince Atefamen, propriétaire des esclaves, lequel n'avait probablement pas le droit de se faire justice lui-même. Ainsi le pouvoir des maîtres sur leurs esclaves était mitigé par des lois, et le juge intervenait même en cas de vol et de fuite.

Le prince Atefamen, à l'appui de sa plainte, avait dû dresser des états indicatifs des objets, dont il avait été dépouillé par ses esclaves fugitifs. Deux papyrus, restés attachés au rapport et contenant des comptes, peuvent en effet se rapporter à cette affaire (voir la notice sur les papyrus 351, 352, p. 16). Toutefois, pour admettre cette hypothèse, il faut supposer que le prince Atefamen était investi à l'époque correspondante, de la fonction de *Kat'en*, qui représente un grade militaire assez élevé.

sible par des communications par eau; car on sait d'ailleurs, du Papyrus Anastasi n° 4, qu'il y avait dans cette ville un dépôt de matériaux servant à la construction des barques. Voyez *Mélanges égyptologiques*, [1ʳᵉ série,] p. 7 (C. L.).

Il n'y a guère à remarquer dans cette épître que la longueur du préambule et la surabondance des formules de pure politesse. Cependant l'observation philosophique sur l'incertitude du lendemain est un trait curieux. Elle se retrouve dans d'autres lettres.

361. Pl. CLXXII. Lettre du *sotem S'esneberter au sotem Patar*. La qualification *sotem* signifie à la lettre *obéissant, docile, complaisant;* mais elle pourrait correspondre à quelque fonction de scribe subalterne, de *secrétaire* par exemple.

362. Pl. CLXXII. Lettre du *fidèle Pentaour au fidèle Pak'et*. L'épithète est ici *hos*, mot qui admet le sens *fidèle, découé*, mais qui de même que *sotem* pourrait désigner une fonction.

363. Pl. CLXXIII. Lettre du *sotem Mersuatef au sotem Sebut.....*

364. Pl. CLXXIV. Lettre du *sotem Merima à la prêtresse d'Ammon, Hathor*.

L'adresse porte le nom d'un destinataire différent. Peut-être la lettre devait-elle passer en mains tierces.

365. Pl. CLXXV. Lettre du *sotem Mersuatef* à une personne dont le nom est illisible. L'adresse ne porte que le nom du destinataire.

366. Pl. CLXXVI, CLXXVII. Lettre du *sotem Mersuatef à la prêtresse d'Ammon, Rannu*.

367. Pl. CLXXVIII. Lettre du *sotem Merialef* (sans doute le même que *Mersuatef*[1]) *au prince Ramessu-ma-Ptah*.

Il est digne de remarque que l'écrivain n'emploie vis-à-vis de son royal correspondant d'autres formes de politesse, que celles dont il s'est servi à l'égard de son égal *Sebut.....*, dans la lettre 363, pl. CLXXIII. Il termine par le simple *nefer senb-ek, porte-toi bien*.

L'adresse ne porte que le nom du prince destinataire.

---

1. Ce nom signifie *diligit eum pater*.

Planche CLXXX

I. 369. Papyrus écrit des deux côtés, d'une écriture confuse et très usée. Il contient une communication épistolaire, contenant des conseils ou des ordres. On peut en traduire un petit nombre de passages dont l'enchaînement reste incertain.

Ce manuscrit est du même type graphique que le suivant, avec lequel il a été trouvé.

Planches CLXXXI-CLXXXII

I. 370. Lettre du *scribe Thothmès, attaché au grand K'er* (quartier des tombes royales à Thèbes) *au scribe Butha-amen*. Le papyrus, dont l'écriture rappelle celle du papyrus Abbott[1], contient une communication officielle, dans laquelle il est question du service des *Mat'aiu*[2], milice que nous savons avoir été chargée de la police et de la garde des tombeaux.

L'écriture est confuse, hâtive et usée en de nombreux passages. Aussi la tâche du déchiffrement de ce manuscrit, sans être impossible, présente de grandes difficultés.

Planches CLXXXIII-CLXXXIV

I. 371. Deux pages, l'une au recto, l'autre au verso, d'une bonne écriture de l'époque de Ramsès II, ou de l'un de ses successeurs immédiats. Ce petit papyrus est l'un des plus curieux qui existent. Il consiste en une épître déprécative, adressée par un homme veuf à son épouse défunte, à la-

---

1. Publié dans les *Select Papyri in the Hieratic character from the collections of the British Museum*, Part II, pl. I-VIII (C. L.).

2. Voyez, sur les Mat'aiu, *Mélanges égyptologiques*, [1ʳᵉ série,] p. 49 et 53; Papyrus I. 348, p. vi, l. 5 (pl. CXLVIII). — (C. L.).

quelle il donne le nom de *K'u (esprit) parfaite et vivante.*
On sait que quelques-unes des prières et les cérémonies
du *Rituel funéraire* avaient pour objet de faire attribuer
aux défunts ces qualifications essentielles à leur bonheur
d'outre-tombe. L'époux se plaint des mauvais procédés de
l'épouse défunte, dont, à ce qu'il paraît, la mort ne l'a pas
suffisamment débarrassé. Il l'adjure au souvenir des bons
procédés qu'il a eus pour elle, pendant tout le temps de leur
union, et rappelle quelques détails biographiques favorables
à son thème.

L'écriture est brouillée et de plus en plus négligée vers la
fin. Beaucoup de détails échappent à mes premières investi-
gations.

On sait que les K'us, ou morts revivifiés, se comportaient
quelquefois comme les revenants et comme les esprits pos-
sesseurs. C'est probablement sous l'une de ces formes que
l'épouse venait tourmenter son mari.

On ignore le lieu où fut trouvé ce singulier manuscrit.
Il provient de la collection Anastasi. D'après les détails
conservés dans l'inventaire, on voit qu'au moment de sa dé-
couverte, il était attaché à une statuette en bois, D. 132
(V. pl. XXIV) représentant, comme on doit s'y attendre,
une femme, non pas avec les attributs habituels des statuettes
funéraires, mais avec la toilette et la coiffure des dames égyptiennes. C'est le portrait de l'épouse. Une légende, dont les
premiers mots seuls sont conservés : *Dit pour l'Osiris (défunte) Kena.....,* nous offre le commencement de son nom.

Ce manuscrit clôt dignement cette série des papyrus du
Musée de Leyde.

Chalon-sur-Saône, 15 octobre 1861.

CHALON-SUR-SAONE, IMP. FRANÇAISE ET ORIENTALE E. BERTRAND